ベルギーの歴史

Ma PREMIÈRE Histoire de BELGIQUE

ベルナルド・コペン&アラン・ルクレール

柴山久代 訳　ヴェロニック・デゾヌ 監修

風媒社

CONTENTS

地上の支配者は恐竜たち ─────────エノー地方の恐竜たち

　今から2億年以上前のわたしたちの土地は、巨大な樹木におおわれて、今とは景色が大きく異なっていました。人間はまだ、一人もいませんでした。なぜなら、わたしたちの祖先はその当時、ネズミの仲間のトガリネズミに似た本当に小さな動物でしかなかったからです。

　地上を支配していたのは恐竜たちでした。エノー地方のベルニサールで発見された動物の骨は、ここに描かれているイグアノドンの骨です。

　この恐竜は、高さ5メートル、体長10メートル、体重は自動車4台分にあたり、草を食べて生きていました。

　ほかにも、多くの種類の恐竜がいました。ティラノサウルスのような肉食恐竜、鳥の形をしたもの、バスのように長く家のように背の高いものなど。恐竜たちは、卵を産んで、ふえていました。

　6500万年前、恐竜たちが、すべて死んでしまいました。それは、巨大な隕石の落下や火山の大爆発によって気候が突然変化したため、食べ物がなくなったせいでした。

ネアンデルタール人現れる————————ナミュール地方の先史時代人

700万年前、アフリカで大きな猿の仲間が樹上生活をやめ、後ろ足で二足歩行を始めました。直立歩行することで、手が自由になったので、その手で道具を作り出し、知恵をつけていきました。

しかし、まだ、彼らの子孫たちが、地上に多く住みはじめ、のちに「ベルギー」といわれる場所に到着するのには、なお数百万年を要します。

ここに描かれているのは、ナミュール地方のスピーの洞窟です。そこで、4万年前に生活していた人たちの骨が見つか

りました。この人たちは、ネアンデルタール人と言われており、顔はまだ猿に似ていましたが、話をすることはできました。

彼らは、火を使い、狩りをしてマンモスや大鹿のような大型の野生動物を捕えていました。

また、石や骨、木で道具を作り、衣服を着用し、死者を埋葬し、病人やお年寄りの家族の世話をしていました。

ベルギーの祖先ベルガエ族移り住む ──────────── とても古い名前《ベルギー》

数百万年の時が流れるにつれ、人間は植物を栽培し、動物を飼育するようになりました。そして、強力な金属で武器や道具を作り出し、初めての村を建設しました。

2300年前、ケルト人あるいはゴール人と呼ばれる民族が、ヨーロッパの東部から、わたしたちの土地にやってきて、定着しました。彼らの中に"勇ましい"とか"ほら吹き"という意味をあらわす《ベルガエ》（ベルギーのもとになる名前）という名前で呼ばれた人たちがいました。

彼らは部族ごとに生活しました。モーラン族とメナピアン族はフランドル地方で、エブロネス族はリンブルク地方で、ネルウィイ族はエノー地方とブラバント地方へ、アドゥア

テュック族はナミュール地方で、トレヴィール族はリュクサンブール地方で暮らすようになりました。文字を使っていませんでしたが、文明的な生活をし、女性の地位は男性と対等でした。丘の上に、要塞となる野営地を建設しました。そこは、市場や会議場にもなり、攻撃される時には避難場所の役割をはたしました。

彼らは、また、非常に優れた農業家であり、小麦の刈り取り機の原型となる器械を発明しました。その上、優れた商人でもあり、ローマにまで、ビールや樽、武器などを売りに行きました。中でも最も重要な人物の一人は、宗教家であると同時に医師でもあり、教育者でもあるドルイド僧＊でした。

カエサル、ベルギーを攻める————————ガロ・ローマ人

　紀元前58年、ローマの君主になる野望を抱いていた政治家にして将軍のユリウス・カエサルは、ローマ人が自分に権力を与えるには、自分こそが輝かねばならないと思っていました。そのためにはどうするというのでしょうか？　それは、ガリア地方（北イタリア、フランス、ベルギー一帯）を征服しに行くという栄光に包まれることでした。

　勝利につぐ勝利をおさめ、カエサルは北上し、紀元前57年、ベルギーを攻撃することになりました。この戦いに参加したベルギー人は、主としてボドゥオニトスのネルヴィイ族とアムビオリクス＊の命を受けたエブロネス族で、激しい抵抗を展開しました。しかし、ローマ軍の組織化された軍事力と強力な戦闘力により、ベルギー人は征服されてしまいました。

　ローマ人たちは、容赦なく農場や農産物を焼きつくし、この地に飢饉（ききん）を引き起こしました。そのうえ、女子どもまでも皆殺しにしました。カエサルはこう書いています「ベルギー人は、このガリアの民族の中で最も勇猛である。それは、彼らが、ローマにはびこっているような贅沢と軟弱さに縁遠いからである」と。

　その時から、ベルギー人はローマの占領下で生活することになりましたが、平和は保たれていました。ベルギー人は、古い道路を舗装（ほそう）し、ラテン語を話し、ローマ人の神々とキリスト教を認め、ローマ人の生活を取り入れました。こうして、ガロ・ローマ人（ローマに征服されたガリア人）となりました。

ヨーロッパの始まり、初代国王はベルギー人──トゥルネイ出身のフランスの最初の王

西暦300年ころ、ローマの権力がだんだん弱くなっていきました。偉大な皇帝が現れなくなり、ローマ軍の中で、規律違反が広まり、兵士の生活が乱れていたからです。

ヨーロッパ東部で暮らしていたゲルマン民族が、わたしたちの豊かな土地に魅せられてやってきました。その中には、平和な方法で、少しずつ定住してきた民族もいましたが、行く手を荒廃させながらやってくる民族もありました。

ローマの最後の皇帝がなくなると、こうした民族のひとつであるフランク人が、他を制して、強力な王国を築き、我らの町、トゥルネイを最初の首都としました。

500年ごろ、フランク王クローヴィスは、ガリア地域の大部分を侵略し、首都をトゥルネイからパリに移しました。敵を打ち負かすには、教会の援助が必要と考えてキリスト教に改宗しました。

トゥルネイ出身のクローヴィスは、フランスの最初のキリスト教の国王となり、自分たちの祖先の王メロヴィンにちなんで、メロヴィング王朝を設立しました。クローヴィスの後継者たちは、国を継承するたびに争い続け、そのため国は徐々に弱くなっていきました。メロヴィング朝の国王たちは、国の管理を宮廷の役人である副官にゆだねていました。

754年、その副官のひとりリエージュ出身の小ピピンが、メロヴィング朝最後の国王を修道院に幽閉し、自らその王座につきました。

シャルルマーニュ、広大な帝国を治める————マース川沿岸の皇帝

768年から、小ピピンの息子のシャルルマーニュがローマ帝国のような大きな国を建設しようと試み始めました。

30年かけて、フランス、ベルギー、オランダ、ドイツの一部、イタリア、スペインを征服し、800年に法皇によって皇帝とみとめられました。

シャルルマーニュは、自分の帝国全域を支配下に置くため、自分の代理人として伯爵を任命し伯爵領として分割統治させました。そして伯爵たちが確実に仕事をするように、「国王巡察使」を送り込みました。これはラテン語で、君主に派遣されたもの、を意味します。

新しく学校は作りませんでしたが、ローマ時代の学校を改良して、高度な官吏の養成学校としました。

その学校に行けるのは貴族に限られていました。一般の人は、非常につらい生活を送っていました。君主の土地を耕し、君主のために多くの雑役をしなくてはなりませんでした。

修道院もたくさん建てられました。修道僧はここでギリシャ、ローマ時代の重要な書物が忘れ去られたり壊されたりしないように、優れた方法で書写しました。より簡便に書けるように、カロリング朝の小文字をもとにして、じっさい今、わたしたちが使っている小文字を考案したのです。

6

ヴァイキングたち、攻めてくる────北方から来た人たち

850年ごろ、シャルルマーニュの帝国は権力の争いに明け暮れていたため、孫たちの代になると分割され力を失っていきました。その事態を恐るべきヴァイキングたちは見逃しませんでした。

彼らは竜の頭をつけた船に乗り、海の方からわたしたちの土地にやってきました。マース川、エスコー川をさかのぼり、陸地に侵入し、行き当たった居住地を奪い取っていきました。彼らは、フランドル、ブラバント、トゥルネイ、トングル、リエージュなどを荒れはてさせていきました。

ある地域では、国王が自分の争いにばかり熱中しているので、国王の援助を受けられないと考えた領主が、自ら柵で囲んだ木製の塔を作り上げ、村を守ることにしました。これが、要塞としての城のはじまりです。

こうした庇護とひきかえに、農奴と呼ばれる貧しい農民は、自分たちを守るこの地域の領主である人物に仕えなくてはなりませんでした。

ある領主が、兵士に対して褒美として封地、すなわち領地の一部を与え、その兵士は領主に仕える封臣となるのです。この両者は、ともに保護をする、ともに戦うことを誓い合うのです。このように、わたしたちの土地が城の建つ封地で占められる時代を封建時代といいます。

この時代は、領主間で多くの戦いが展開されていきます。

十字軍の開始はベルギーの大将とともに ―――――エルサレム遠征

　1095年、法皇ウルバヌス2世がイエス生誕の地パレスチナからトルコ民族を追い出すために、兵士を募りました。というのは、トルコ民族が、巡礼者がキリストの墓で祈りを捧げるのを妨害するからでした。

　ヨーロッパの各地から、多くの戦士希望者が呼びかけに応じました。わたしたちの地域の騎士たちも多く参加しました。戦闘衣の上に縫い付けられた十字架から、彼らは「十字軍」と呼ばれ、その遠征は「十字軍遠征」と呼ばれました。

　非常に長くつらい遠征行程の途中で、多くの殺戮が行われましたが、遠征軍は、1099年に、我らの君主ゴドフロァ・ド・ブイヨンの指揮のもとエルサレムに到着しました。町の中で、遠征軍は、状況が分からずに、女子ども、ユダヤ人そしてキリスト教徒までも皆殺しにしました。

　数年後、十字軍はパレスチナから排斥され、その後の7回の十字軍遠征は失敗に終わりました。しかし、この遠征のおかげで君主たちの生活様式が変化していきました。なぜならオリエント（東方）でぜいたくなもの、香水や珍しい花などの見目麗しいものを見つけてきたからです。

　農業については、耕作の新技術や米やプラムなど新しい作物が伝来し、改善されていきました。

　アラブ人のおかげで天文学、化学、数学、医学が伝わり、新しい分野が拡大していきました。

初めての町の誕生───────我らの町 生まれる

略奪から自分たちの身を守るため、人々は城の周りに集まっていきました。徐々に人が増え、商人たちも集まってきたので、ここに初めて町が誕生しました。それぞれの町には特徴があります。ラシャはブリュッセル、銅はディナン、商業交通はブリュージュ、なめし工業はリエージュというように、です。

同業者はギルドと呼ばれるグループを作りました。彼らは、そこでいろいろな問題を解決するのです。また、君主から自由を獲得するために、時には武器を手にして団結することもありました。

裕福になった商人たちは、その力を示すため、立派な屋敷を建てました。一方貴族たちは、十字軍により破産するものも多くなったため、商人たちが貴族に支配されることも減っていきました。

時がたって、商人たちは領主たちから自治を獲得しました。この自治は憲章という形で表現され、羊皮紙に書き留められました。最も古い憲章にはブラバント憲章とユイ憲章があります。

まもなく領主によって裕福な商人たちに与えられた自由が、その後、職人などの市民にも与えられました。

中世の秋、黄金時代——ブルゴーニュ公国から来た君主たち

1348年、ブルゴーニュ公フィリップ豪胆公がフランドル伯領の継承者である姫と結婚したため、この地域を自分の領土に併合しました。

他の領地を相続したり、次々に領地を購入したため、ブルゴーニュ公たちは、数十年の間に、独立を保つリエージュ公国を除いて、ベルギーのほかの地域すべてを手に入れました。

ここに描かれているフィリップ善良公（フィリップ豪胆公の孫）は、ブルゴーニュ公たちの中で、最も輝かしい存在です。そして、芸術家を庇護する芸術愛好家でもありました。貴族階級もまた美しいものを好み、自分の宮廷をすばらしい芸術作品で飾り立てました。

ヴァンアイクのような偉大な画家たちの絵画や、黄金の糸で織られるブリュッセルのタピストリーが評判となり、当時、低地（ペイ・バ）と呼ばれたこの地域の富を作り出しました。

しかしながら、この時代の富は貴族やブルジョアにしか利益をもたらさず、市民の生活は非常につらくみじめなものでした。飢饉はひどく、ペストの感染はこの上ない大きな災いとなりました。

世界の覇者シャルル5世 ――――――――――ゲントで生まれた皇帝

シャルル(カール)5世は、1500年にゲントで生まれました。母からスペインを、父からブルゴーニュ公国の領地を相続しました。この領地には、ベルギー、オランダが"低地17州"という名前で含まれていました。

フランドルで育てられたので、皇帝は自分のことをこの地の出身と考えていました。フランス語を母国語として使い続け、国の政治はベルギー人に囲まれて執り行っていました。彼の帝国は、低地17州、スペイン、ドイツ、オーストリア、スイス、ハンガリー、イタリア、アメリカに及び、かくも広大なため、帝国内では太陽が沈まない、といわれるほどでした。

シャルル5世は、その人生を反乱の制圧や、フランス王との戦い、カトリック教会の悪行を訴える人たち―プロテスタントたちとの戦いに費やしました。

このような激しい戦いが続いたにもかかわらず、ベルギー(低地)17州は繁栄していきました。商業の面では、アメリカからやって来る黄金や銀と様々な品物であふれかえり、アントワープは世界でも重要な港になりました。この繁栄のおかげで、芸術と科学もますます盛んになっていきました。

ブリュッセルの人ヴェザリウスは、身体機能を理解するために死体解剖をした最初の人でした。メルカトールは、当時の最良の世界地図の版画をルーヴェンで出版しました。

スペインにおびえる ——————————————スペインの狂暴

フェリペ2世は、スペイン王にして低地17州の君主であった父シャルル（カール）5世の後をついで、プロテスタントとの戦いを続けました。彼は新しい教義を宗教に持ち込む人たちを、死を持って制裁するべきと考えました。プロテスタントたちは裁判にかけられ、火あぶりの刑にされ、資産は没収されました。

低地17州の北部ではプロテスタントの数が多く、反乱を企て、《州連合》の名のもとに、独立を要求しました。この地域は今もあります。《低地（ペイ・バ）》、あるいは《オランダ》という名前で知られています。南部は今のベルギーで、フェリペ2世は、自分の領地への統合をもくろみましたが、それは、臣下たちの怒りを買いました。なぜなら、国王が各州の自治の権利を撤廃しようとしたからです。

わたしたちの領地は、一方でスペインと国王派の貴族たち、他方で独立派の民衆たちの戦いの場となりました。そのうえ、カトリックとプロテスタントとの戦いが状況をいっそう複雑にしていきました。

いたるところに、ここに描かれているような、給料未払いの兵士たちが出没し、強盗や泥棒に身をおとしました。たとえば、アントワープではスペイン兵士が町を略奪し5000人を殺害したのです。こうした戦いで、わが領地は廃墟と化していきました。

黄金時代、再び————————善良なアルベール公とイザベル

荒廃した状況を何とかしようと考え、フェリペ2世は、低地17州の統治を娘のイザベルとその夫のオーストリア大公アルベールに任せました。大公は、到着するとすぐに、北部の州（オランダ）を奪い返そうと試みましたが、失敗に終わりました。しかし戦場はひどく破壊されたので、オランダ人は自国領地へ帰り、12年の休戦が制定されました。

アルベールとイザベルが推し進めた結果、産業と商業が勢いを取り戻しました。威厳のある建物を建設する、沼地を干拓するというような大事業で、国民は労働者として仕事をすることができました。

大公たちは宮廷をブリュッセルに置き、宮殿では極上の芸術品を鑑賞し、文化人や芸術家に囲まれて暮らしました。その中には、ここに見られるように大公夫人の肖像画を描く画家ルーベンスもいました。

子どもがいなかった大公たちの死は、幸せなこの時期の終わりを告げました。ベルギーの地域はスペイン国王のものとなり、争いが再び始まりました。

1648年、ウエストファリア条約が結ばれ、戦争は終了しました。スペインはオランダを失いましたが、南部低地、つまりベルギーはスペインの領地のままでした。このため、この地域はスペイン低地と命名されました。

我々の先祖はスペイン人ではありませんが、スペイン国王に使える臣下となりました。しかし自らをベルギー人として、自分たちの権利を強く守りました。

フランスの野望　　　　　　　　　　　不幸な世紀

　フランスの国王ルイ14世の野望によって、新たにベルギーがヨーロッパの戦場になりました。というのは、スペインがオランダの攻撃に失敗した後、ルイ14世は我が国を属領にしたいと思い始めたためです。そして、ルイ14世とドイツの皇帝がスペインの継承を争うことになるからでした。

　何回も休戦で中断しながらも、この執拗な戦争は20年近く続き、英国、オランダ、スペイン、スウェーデンがフランスと対立しました。

　フランスに対する敵軍の武装がかなり強固なため、フランス国民が疲労困憊（ひろうこんぱい）してきたので、太陽王ルイ14世は平和調整へと向かいました。ベルギーはスペインの属国ではなくなりましたが、諸国の争いからは外されました。

　ブリュッセルは、フランスによって3日間砲撃されつくし、1695年にはもはや廃墟となってしまいました。ベルギーは、中立を宣言しているリエージュなどの重要な地域まで、フランスや他国の軍隊によって略奪され、金品を奪われました。給料未払いと待遇の悪さから、兵士たちは住民の家から欲しいものを奪い取って生活していました。

　平和調停に調印した諸国は、ベルギー諸州をベルギー人の意向を無視して譲渡しました。つまり、ヴァレンシエンヌ、カンルイ、ドゥエイ、リールの諸都市をフランスに譲渡し、南部低地をオーストリア支配下に置きました。低地諸州は、スペイン人であることをやめました。

オーストリアの支配下に────────オーストリアの君主たち

1714年に締結された条約により、ベルギー諸州はオーストリア君主の支配下に置かれました。ベルギーはこれから80年の間、オーストリア低地と呼ばれることになりました。

わたしたちの先祖たちは、オーストリア人ではありませんが、オーストリア君主の臣下となりました。しかし、自らをベルギー人と自覚し、常に自分たちの旧来の権利を守っていきました。

にもかかわらず状況はかなり厳しいものでした。オランダ人はアントワープ港を封鎖し、ベルギーの交易を妨げる権利を得ました。そして、なおオランダ人はフランスに対抗するため、わたしたちの国に城砦と兵士を置きました。それを維持するため、オーストリア施政者は、今までの税金に加えて

また新たな税金を課そうとしましたが、大きな不満を呼び、暴動を引き起こすまでになりました。これは、のちに血で制裁されることになります。

1740年に、年若い女帝マリアテレジアが、わたしたちを統治するために、義弟シャルル・ド・ロレーヌを選びました。彼らの活動は実りのあるもので、ベルギー人の記憶に黄金時代として残っています。

拷問は禁止されました。学校を設立し、農業と産業を奨励しました。道路も建設しました。しかし、田舎での生活条件が改善されてきましたが、都市は常に悲惨な状況で、伝染病がはびこっていました。

1年限りの独立 ─────────────

1780年に、皇帝ヨーゼフ2世が母マリアテレジアの後を継いで、その改革を続けました。彼は良識ある専制君主でした。つまり、進歩を望むがあらゆる権力を所有し、臣下の意見を求めることなく自分の意見を通す君主でした。

宗教の自由を認め、オランダ軍を退去させ、正義を進展させました。しかし度を越してしまいました。すなわちカトリック教会の権力を攻撃し、村の祭りも含め、あらゆるものを統制しようとしたのです。

1789年、革命が起こりました。ベルギー人は、ブラバント公国の色、黒・黄・赤の3色を旗印として軍隊を組織しました。そしてオーストリア人を追い出し、新しい国の誕生を宣言しました。アメリカ合衆国のように、ベルギー連邦共和国と命名しました。

残念なことに、革命家たちは二つの党派に分裂してしまいました。中世の古い自由と慣習を支持する人たちと、人権を尊重する新しい国家を望む人たちに分かれてしまったのです。

これら二つの党派は対立を深めていきました。未熟な共和国は、国家財政と軍事力の面が弱く、そのためオーストリア人の復権奪還に反対することができなかったのです。ベルギーとしての最初の独立国家は、1年しかもちませんでした。リエージュも、その近隣も革命を起こして、君主大司教を追い出しましたが、すぐにオーストリア軍に制圧されてしまいました。

オーストリアからフランスの支配下に —————————————我ら、フランス人となる

1789年7月、フランス革命が起こりました。この革命は、人間はすべて自由、平等であると主張し、王政、貴族、教会の権力の廃止をもとめました。

オーストリア、プロシア、イギリスといった専制君主が統治している国家の君主たちは、こうした主義主張が自国に及ぶのを恐れました。1792年に戦争が起こりました。フランスの軍隊がオーストリア低地に侵入したのです。その軍隊の中には、革命の失敗後フランスに避難していたベルギーやリエージュの志願兵たちが含まれていました。

フランスの革命家たちは、征服したいのではない、圧迫された人民を解放したいのだと主張しました。そのため、再び独立を考えているベルギー人に歓迎されました。

しかし、このような幻想は長くは続きませんでした。荒廃したフランスは、裕福なベルギーを併合（へいごう）しました。革命家たちは、わたしたちの町を荒らし、以前よりはるかに高い税金を要求しました。彼らは反宗教的な政策を続け、教会を閉鎖し神父たちを排斥（はいせき）しました。このような行為はベルギー人を深く傷つけました。またフランス人は、ベルギー人が今までに経験したことのない義務、つまり徴兵制（ちょうへいせい）を強要しました。

多くの地域で人々の反乱が起こり、フランドルでは農民蜂起と呼ぶ反乱が起きました。これは流血の末にひねりつぶされてしまいました。

ナポレオンの野心―――――――――ナポレオン帝政において

　ナポレオン・ボナパルトが、1799年に権力を握った時、フランス人と同じく、ベルギー人も彼を信用しました。彼は、宗教を復活させ、今の時代にもなお多く存在するナポレオン法典を制定し、産業を発展させ、そのため国家は繁栄しました。

　しかし、ナポレオンの野心はとどまるところを知りませんでした。彼は、共和政を排除し、自らを皇帝と宣言し、新しい貴族を作りました。

　ナポレオンは、帝国を拡張するために近隣へたびたび戦争をしかけました。こうした戦争は高くつき、次第に多くの戦死者を出していきました。商業は混乱し、農民たちを農業からうばいとってしまいました。

　ナポレオンが勝ち進んでいくにもかかわらず、ベルギーは

彼に背を向けました。脱走兵が増え、彼らは投獄され、ひどい扱いを受けました。それを受け入れないと両親も投獄されました。まもなくナポレオンは「悪魔」と言われるようになります。なぜなら、毎年多くの兵士を要求し、その兵士は生きて自分の国に帰ることがなくなってきたからです。

　ナポレオンの帝国では、自由はもはやなくなりました。どこまでもついてくる疑り深い警官が、あらゆるものを監視しました。

　長い間勝利者であった皇帝ナポレオンは、1815年6月18日、とうとうワーテルローの近くで、イギリスのウェリントン将軍とプロシアのブリュッヒャー将軍率いるイギリス軍、ドイツ軍、オランダ軍、ベルギー軍によって倒されました。

ベルギー・オランダ連合国成立――――――――――オランダとともに

　ワーテルローの戦いの後、フランスでは王政が復活しました。しかし、ヨーロッパの諸国は、大陸を戦火と流血の場としたフランスに警戒を続けていました。ヨーロッパ連合国は、イギリスに有利に働くように、フランスに対して強固な防衛基地を設けるため、ベルギーとオランダを低地連合王国という名で合併させました。

　新しい国家はシャルル（カール）5世の低地17州を復活したもので、成功するあらゆる要素を持っていました。つまり北部（オランダ）と南部（ベルギー）は補いあう関係だったからです。

　ベルギーでは産業革命がはじまり、国王ウィレム1世がこれを奨励しました。蒸気機関が作られ、織物産業のほか石炭

坑道に鉱夫をおろす鉱石採掘リフトの動力として活躍しました。オランダは港を数多く持ち、わたしたちの国の製品を世界中に売りさばくことができるほど、非常に重要な海運業を営みました。

　しかし、残念なことに300年にわたって別々の国であったので、二国間の溝は思ったより深かったのです。ベルギーはカトリックであり、オランダはプロテスタントのため、分かり合うことは困難でした。国王はオランダ人を優遇し、政治や軍政における重要なポストにつけました。公証人や弁護士などのポストを手に入れるには、ワロニー（ベルギー）でもオランダ語を話さなくてはなりませんでした。

　ベルギー人は、またしても反乱を起こしました。

ベルギー、独立を勝ち取る————ベルギーの革命

1830年8月25日、ブリュッセルで、オペラ「ポルティチの物言わぬ娘」*が上演されました。これは、スペイン占領に対するナポリ住民たちの反乱を描いたものでした。その中にはこう書かれていました。

聖なる祖国愛よ、
我らに、勇気と誇りを戻したまえ。
わが生はわが祖国に負う。
祖国の自由は我に負う。

観衆は熱狂して、この言葉を合唱し、オランダなるものすべてに襲い掛かりました。彼らは、ベルギーの国旗となる1789年のベルギー連邦共和国の色、黒・黄・赤を掲げました。

バリケードが積み上げられ、あらゆる地域から参加者が集まってきました。オランダ人は、ブリュッセルの公園に陣取りました。革命家たちは、4日の戦いののちそこからオランダ人を追い出しました。この反乱は、のちにベルギー国歌となるある歌、「ブラハントの歌」*によって讃えられています。

10月4日、独立が宣言され、新しい憲法が制定されました。この憲法は、法の前でのあらゆる人民の平等、教育の自由、報道の自由、宗教の自由を宣言しました。しかし、投票権は、裕福なものに限られ、ベルギー人の100人に1人だけでした。

迷い鳥 [新装版] ● タゴール詩集
ロビンドロナト・タゴール

川名澄訳

アジアで初めてのノーベル文学賞に輝いた詩聖タゴール。1916年の日本滞在にゆかりのある珠玉の英文詩集、初版英文テキストを併記した完訳版。1800円＋税

ギタンジャリ [新装版] ● タゴール詩集 歌のささげもの
ロビンドロナト・タゴール

川名澄訳

アジア初のノーベル文学賞を受賞したインドの詩人タゴールの自選詩集を、はじめてタゴールを読むひとにも自然に届く現代の日本語で翻訳。英文も収録。1700円＋税

わたしは誰でもない ● エミリ・ディキンスンの小さな詩集
エミリ・ディキンスン

川名澄訳

時代をこえて、なお清冽なメッセージを発しつづけるエミリ・ディキンスンの詩。そぎ落とされた言葉に、永遠への願いがこもる。新編集の訳詩集。1500円＋税

ウィシュマさんを知っていますか？
眞野明美

● 名古屋入管収容場から届いた手紙

入管で亡くなったスリランカ人女性ウィシュマ・サンダマリさんが残した手紙。彼女の思い描いていた未来はなぜ、奪われたのか。安田菜津紀さん推薦！ 1200円＋税

障害者たちの太平洋戦争
林雅行

● 狩りたてる・切りすてる・つくりだす

視覚・聴覚障害、肢体不自由、知的障害の人々はいかに戦時体制に組み込まれ、積極的または消極的に動員されていったか。1800円＋税

悲しむことは生きること
蟻塚亮二

● 原発事故とPTSD

原発被災者の精神的な苦悩は、戦争被害に匹敵する。原発事故直後から現地の診療所で診察を続ける著者が発見した、被災地を覆う巨大なトラウマの存在。1800円＋税

愛媛県歴史文化博物館 編

予の海上交通、四国遍路をめぐる物語…
1600円＋税

加藤理文 編著

古地図で楽しむ駿河・遠江

古代寺院、戦国武将の足跡、近世の城とまち、災害の爪痕、戦争遺跡、懐かしの軽便鉄道……
1600円＋税

目崎茂和 編著

古地図で楽しむ三重

江戸の曼荼羅図から幕末の英国海軍測量図、「大正の広重」吉田初三郎の鳥瞰図…多彩な三重の姿。
1600円＋税

今井春昭 編著

岐阜地図さんぽ

観光名所の今昔、消えた建物、盛り場の変遷、飛山濃水の文学と歴史……地図に隠れた岐阜。
1600円＋税

美濃飛騨古地図同攷会／伊藤安男 監修

古地図で楽しむ岐阜　美濃・飛騨

多彩な鳥瞰図、地形図、絵図などをもとに、地形や地名、人々の営みの変遷をたどる。
1600円＋税

溝口常俊 監修

明治・大正・昭和　名古屋地図さんぽ

廃線跡から地形の変遷、戦争の爪痕、自然災害など、地図に刻まれた名古屋の歴史秘話を紹介。
1700円＋税

溝口常俊 編著

古地図で楽しむなごや今昔

絵図や地形図を頼りに街へ。人の営み、風景の痕跡をたどると、積み重なる時の厚みが見えてくる。
1700円＋税

溝口常俊 編著

古地図で楽しむ尾張

地図をベースに「みる・よむ・あるく」――尾張謎解き散歩の勧め。ディープな歴史探索のお供に。
1600円＋税

松岡敬二 編著

古地図で楽しむ三河

地域ごとの大地の記録や、古文書、古地図、古絵図に描かれている情報を読み取る。
1600円＋税

中井均 著

古地図で楽しむ近江

日本最大の淡水湖、琵琶湖を有し、様々な街道を通して東西文化の交錯点になってきた近江。
1600円＋税

上杉和央／加藤政洋 編著

地図で楽しむ京都の近代

地形図から透かし見る前近代の痕跡、あったかもしれない景観、80年前の盛り場マップ探検。
1600円＋税

本康宏史 編著

古地図で楽しむ金沢

加賀百万石だけではない、ユニークな歴史都市・金沢の知られざる姿を読み解く。
1600円＋税

風媒社 新刊案内

2024年
10月

〒460-0011
名古屋市中区大須 1-16-29
風媒社
電話 052-218-7808
http://www.fubaisha.com/
［直販可　1500円以上送料無料］

寝たきり社長の上を向いて

佐藤仙務

健常者と障害者の間にある「透明で見えない壁」を壊していくため挑み続ける著者が、自身が立ち上げ経営する会社や未来をひらく出会いの日々を綴る。　1500円＋税

近鉄駅ものがたり

福原トシヒロ　編著

駅は単なる乗り換えの場所ではなく、地域の歴史や文化への入口だ。そこには人々の営みが息づいている。元近鉄名物広報マンがご案内！　1600円＋税

名古屋タイムスリップ

長坂英生　編著

名古屋タイムスリップ
Nagoya Time-slip

昭和100年
記念出版！

おなじみの名所や繁華街は
かつて、どんな風景だったか？
エカ写真で楽しむ今昔写真集。

おなじみの名所や繁華街はかつて、どんな風景だったか？全128ヵ所を定点写真で楽しむ今昔写真集。昭和100年記念出版。　2000円＋税

近　鉄
KINTETSU
駅ものがたり
福原稔浩

駅は単なる乗り換えの場所ではなく
文化への入口だ。
そこには人々の営みが
息づいている。

元近鉄名物広報マンがご案内！

風媒社 愛読者カード

書　名

本書に対するご感想、今後の出版物についての企画、そのほか

.

お名前　　　　　　　　　　　　　　　　　（　　　歳）

ご住所（〒　　　　　　　　）

お求めの書店名

本書を何でお知りになりましたか
①書店で見て　　②知人にすすめられて
③書評を見て（紙・誌名　　　　　　　　　　　　　　　　　）
④広告を見て（紙・誌名　　　　　　　　　　　　　　　　　）
⑤そのほか（　　　　　　　　　　　　　　　　　　　　　　）

＊図書目録の送付希望　□する　□しない
＊このカードを送ったことが　□ある　□ない

郵便はがき

料金受取人払郵便

名古屋中局
承　　認

9014

差出有効期間
2026年9月29日
まで

460-8790

101

名古屋市中区大須
1-16-29

風媒社 行

‖‖‖

注文書◉このはがきを小社刊行書のご注文にご利用ください。

書　名	部数

郵便振替同封でお送りします（1500円以上送料無料）

新国家の船出―――――――――永遠の独立

　ベルギー人は、近隣諸国が国王に統治されていたので、ベルギーも王政をとることにしました。大きな権力の意にかなう王が必要でもありました。まずフランス国王の系列を候補に挙げましたが、イギリスが反対しました。その選択はドイツの王子に落ち着きました。こうして、ドイツの王子レオポルド・ド・サックス・コブルグ・ゴータは、1831年7月21日、国王として宣誓しました。この日付がのちに、我が国の記念日となります。

　ベルギーは立憲君主国、つまり国王が自由を保障する、法を守る国家となりました。

　産業革命が続きました。織物産業はフランドルとヴェルヴィエで、金属工学と石炭産業は南部ワロニー地方で発展しました。

　蒸気機関車が初めて走りだしました。最初の路線は、ブリュッセルとメッヘレンに1835年に開設され、13年後には、850キロの路線に延長されました。

　しかし、リエージュの荷担ぎの女性たちは、この絵にあるように、まだ重い荷物を運ばなくてはなりませんでした。また、企業によってもたらされた広大な利益は、裕福な人にしか与えられませんでした。工場や炭鉱では、男も女も子どもたちも、時には6歳を過ぎた子どもさえ、1日12時間から14時間働きました。このように、悲惨な生活の中で生きていくのには働くことしかありませんでした。

炭田開発、国を潤す────奇妙なベルエポック

レオポルド1世は、1865年に亡くなり、その息子のレオポルド2世が後を継ぎました。炭田開発のおかげで、南部ワロニー地方は、世界でも有数の産業地域となりました。多くの北部フラマン人が働きに来ました。ベルギー人は、生産品を世界中に輸出しました。中国の鉄道やパリの地下鉄が、ベルギー人によって作られたといわれるほどでした。

都市では、電気が裕福な家に行き渡りました。自転車や自動車、飛行機までもが見られるようになりました。裕福な人々にとっては、それはベルエポック、つまりゆとりある贅沢な時代でした。しかし、この豊かさの根底には、惨めな生活をしている人たちがいたのです。

ストライキやデモが、しばしば流血を伴いながら繰り返し行われ、労働者たちは少しずつ権利を勝ち取り、生活条件をよくしていきました。彼らは、雇い主に対して身を守るために労働組合をつくり、仕事ができなくなった人を援助するためにお互いにお金を出し合う共済組合をつくりました。また、商品を最低価格で売る店＝協同組合の店を開きました。

1884年に、12歳以下の少年、14歳以下の少女に坑道で働くことを禁ずる法律ができました。1889年には、雇い主に対して、12時間以上継続して労働させることを禁ずる法律ができました。

投票権を持つのはそれまでお金持ちだけにかぎられていましたが、学業を修めたものにも広げられました。しかし、ほとんどの子どもたちが学校に行っていませんでした。

富の宝庫コンゴ─────ベルギーの植民地

この時代、ヨーロッパ諸国はアフリカ大陸を分割していきました。レオポルド2世は、ベルギーにも富と商品の販路を増やすために植民地が必要であると考えました。

国王は、この時代には全く未知の領域であり、地図上に大きな空白として表されるアフリカ中央部を調査するために、高名な探検家スタンレーを雇いました。巧みな交渉術で、ベルギーの80倍の広さをもつこの広大な領地を、個人の所有地として手に入れることに成功しました。

レオポルド2世がコンゴに興味を示したのは、公（おおやけ）には奴隷商人を取り締まり、カトリックと文明をコンゴに持ち込むためでした。しかし、コンゴの豊かな天然資源の開発により、レオポルド2世は、とてつもない財産を獲得することができました。

アフリカ人が学校や病院をつくり、その発展を手助けしよう、という植民者もいました。自分たちの利益しか考えず、アフリカ人をさげすみ、きつい仕事を強要する植民者もいました。多くの教会神父たちは、宣教師の名のもと、現地人をキリスト教に改宗するように送られてきました。

1908年、レオポルド2世は、彼の所有する「コンゴ」をベルギーに譲渡しました。コンゴは、独立する1960年まで、50年以上の間、ベルギーの植民地となりました。このあいだに、多くのベルギー人が、夢に見る富を手に入れようとこの地を訪れました。

第一次世界大戦後の国家再興

レオポルド2世は1909年に亡くなり、その甥のアルベールが後を継ぎました。1914年、ドイツがフランスに宣戦布告しました。ドイツ軍はフランス軍を背後から攻めるためにベルギー領地を通ることを要求しました。ベルギーはそれを拒みました。国王アルベールは軍隊の先頭に立ちました。

勇猛果敢に守ったにもかかわらず、ベルギー軍は海まで敗退を余儀なくされました。そこで、イーゼル川の後方を占拠し、水門を開いて、海水で平野を水浸しにして、ドイツ軍を止めました。塹壕（ざんごう）の泥と寒さの中、ベルギーの兵士たちは、自由になるほんの限られた場所で、4年間、粘り続けました。

1918年、連合軍が、アメリカの援助を得て、ドイツを攻撃しました。平和条約が調印されたあと、国家の再興をしなくてはなりませんでした。

血を流して戦った兵士たちは労働者たちでもあったので、彼らにも、一緒に戦った上官たちと同じ権利をあたえなくてはなりませんでした。こうして人はみな投票することができるようになりました。しかし、投票権は、女性たちにはまだ与えられませんでした。与えられれば、それは、すべての人にあてはまる投票権になるのですが。

他にも法律によって、人々の生活が改善されていきました。1日は8時間ずつ3等分されました。仕事に8時間、睡眠に8時間、余暇に8時間という具合に、です。老人たちは年金を受け取り、子どもたちは家族手当を受け取りました。ベルギーは、国民が最も保護された国の一つとなりました。

生活は安定すれども不穏の兆し─────────二つの戦争の間

　生活水準は改善を続けていきました。貧しい人の数は減っていきました。ほとんどの村には、水道と電気が敷かれました。産業、農業、商業が発展し、労働者は、有給休暇を得ることができました。

　残念なことに、1929年にアメリカで経済大恐慌が起き、世界中に広がりました。多くの企業が休業に追い込まれ、大変な数の労働者たちが失業しました。国が発展したにもかかわらず、生活は再び困窮に陥ってしまいました。

　この時代に、ヨーロッパのいたるところで、この危機が外国人、特にユダヤ人によって引き起こされたとか、政治家たちの弱さによって引き起こされたと主張する政党が出てきま

した。彼らは投票権を撤廃し、一人の強者が絶大な力で国家を推進するべきであると主張しました。

　イタリアでは、1922年に、ムッソリーニのファシスト党が権力を握りました。彼らは、ヒットラーとナチスが1933年、ドイツで独裁政権を成し遂げる際の手本となりました。

　同じような動きがベルギーでも出てきました。最大の党派は、レオン・デグレルの率いるレックス党です。しかしながら、彼らはいったんは多数党になったにもかかわらず、権力を握るまでにはいたりませんでした。

　戦争中は、デグレルたちはドイツ側に参加して戦いました。

占領下での厳しい生活────第二次世界大戦

　1940年5月10日、ナチスドイツは1914年の時と同じように、フランス攻撃のために再び我が国の中立を侵しました。18日間の戦いののち、ベルギー軍はドイツに圧倒され、降伏しなくてはなりませんでした。

　父アルベール1世の後を継いだレオポルド3世は、自分も兵士たちと運命を共にすると宣言したのですが、ドイツ軍は、レオポルド3世がラーケンの城にとどまるのを許しましたが、兵士たちをドイツの収容所に送りました。ベルギー政府は連合軍とともに戦いを続けるため、ロンドンに移りました。

　4年の間、ベルギーはドイツ軍に占領されました。ドイツ軍に食料と生産物を供給し、国家は飢餓（きが）状態に陥りました。

　町のいたるところで恐怖に満ちた行為が行われました。ドイツ人たちは、路上でドイツ軍のために働くことを拒んで身を隠した人や連合軍に武器や情報を流したレジスタントたちを逮捕（こば）しました。

　ナチスは、ユダヤ人たちを下劣（げれつ）な人種だとして逮捕しました。そして彼らを100万人単位で殺戮（さつりく）する強制収容所に送りました。

　1944年6月、連合軍がノルマンディーに上陸し、恐ろしい戦争を終結させ、フランスとベルギーを解放しました。ナチスは1945年に制圧され、生き残ったナチス高官たちは裁判にかけられ、人間性に対する戦争犯罪者として有罪判決を告げられました。

戦後復興、ヨーロッパの中心になる

ベルギーは爆撃によって破壊されたため、戦後は貧困からスタートしました。まもなく仕事が再開し、国は繁栄をたどっていきました。徐々に生活も向上していきました。健康と傷害の治療は保険によって保護されるようになりました。

もう危険な汚れ仕事はしたくないので、イタリア人、トルコ人、モロッコ人を家族とともに移住させ、そうした労働につかせました。

1949年、ついに女性が参政権を得ました。

多くのベルギー人は快適な住まいに住み、テレビが家庭に少しずつ入ってきました。道路や高速道路を走る車の数は増加の一途をたどりました。海外でヴァカンスを過ごし、子どもたちも今までよりもっと勉強をすることができるようになりました。

1957年、ベルギーはフランス、ドイツ、オランダ、イタリア、ルクセンブルクとともに、ローマ協定に調印しました。これは、のちに「共同市場」の基盤を作り、今日よく知られている「ヨーロッパ連合」（EU）となるものです。

1958年、良好な経済状況を世界に示すため、ブリュッセルで戦後初の万博を開催しました。Expo58のシンボルは、アトミウムというものです。これは9個の球体からできていて、1650億倍に拡大した鉄の原子の構造を表していました。

コンゴ、ベルギーから独立

1950年代、コンゴはアフリカでもっとも発達した国の一つでした。道路、鉄道、病院が整備され、子どもたちはみな、少なくとも小学校に通えるようになりました。洋服や家、自転車を買えるまでになりました。自動車の整備士、看護師、タイピストになる人も出てきました。

しかしコンゴの人は、自分たちのことを大きな子どもとしか見なさないベルギー人たちと、けっして同等な地位ではありませんでした。事業を展開しあらゆるものを所有する白人とは、隔てられて生活していました。だんだんコンゴの人は、自分たちの国を独立させたい、つまり自分たちで国を運営したいと思うようになってきたのです。

ベルギーは植民地を持つほかの国々と同じように、こうした変化にやっと気づき、どうするべきか考えはじめました。植民地は豊かで重要な資源だからです。ベルギーは、今すぐではなく30年後の独立をコンゴに約束しました。

1959年1月4日、ある暴動が起き、その制圧で40人の死者を出したことから、ベルギーはもはや植民地を維持できないと納得しました。コンゴは、1960年6月、十分な準備ができないまま独立を勝ち取りました。そのため様々な問題が生じてきました。白人たちは、長年の屈辱を晴らそうとする黒人たちに手ひどく報復されました。

白人の多くは、急いでコンゴを去って行きました。コンゴは、その後長期にわたって問題や戦争の多い暗黒の時代へ入っていきました。

そして今―――――――――ヨーロッパの首都であるが、国内に問題は多い

コンゴの独立以後、ベルギーは大きく変わりました。ブリュッセルにはヨーロッパ議会が置かれ、ヨーロッパの首都となりました。

1973年、石油産油国が原油価格を引き上げました。どんどん値上がりの続く石油を買うために、多くの国が負債を負うこととなりました。多くの工場がベルギーを去り、労働者たちは休暇や健康保険のない国に移り、低賃金で働きました。多くの人がまたもや仕事を失ったのです。新たな貧困が出現しました。

他方で、フランス語圏の人とオランダ語圏の人の相互理解がますます困難になっていきました。フラマン人（北部）は、ワロン人（南部）より豊かになったため、資金を自分の地域にとどめておきたいと思ってきました。フランドルの独立を主張する人もいるほどです。これに同意をするには、ますます難しい状況です。

このような違いをより深く考慮した結果、ワロン人、フラマン人、ブリュッセルの人は、それぞれが地方を運営する権利を持ちつつ、同一の国家にとどまることにしました。

何世紀にもわたって先祖が獲得してきた自由と福祉を維持するため、ベルギー人は、仕事を供給する、不平等と戦う、自然を守る、質の良い教育を維持する、というように多くの課題を乗り越えていかなくてはなりません。

ベルギー地図

オランダ

アントワープ州
　●アントワープ
ブルージュ●　東フランドル州
　　　　　　　●メッヘレン
西フランドル州　ゲント●
　　　　　　ブリュッセル　　リンブルフ州
　　　　　　●　●ルーヴェン
　　　　　　　　　　　　　ドイツ
ブラバント州
トゥルネー●　　　　　　ヴェルヴィエ●
エノー州　　　　　リエージュ州
フランス
ナミュール州
　　　ディナン●
　　　　　　　リュクサン
　　　　　　　ブール州
　　　　　　　　　　ルクセンブルク

＊本文注

3頁　ドルイド僧
　　ドルイド教というガリア・ブリタニアの古代ケルト人の宗教
　があった。ドルイドという神官を中心に、占いや天文の知識、
　聖樹崇拝を重視し、霊魂不滅、輪廻の教義を説いた。

4頁　アムビオリクス
　　エブロネス族の王。ガリア戦争でカエサルの率いるローマ軍を
　撃退した。現在もガリア人の自由を求めた英雄として知られる。

20頁①　オベール作曲「ポルティチの物言わぬ娘」（1828年初演）
　　5幕仕立てのグランドオペラ。17世紀のナポリでのスペイン支
　配に対する反抗を表した。第2幕のマザニエロとピエトロの二
　重唱「祖国への神聖な愛」が有名。1830年ブリュッセルのモ
　ネ劇場で上演され、終演後、興奮したブリュッセル市民が暴動
　を起こし、革命に発展した。このため、音楽革命といわれる。

20頁②　ベルギー国歌「ブラバントの歌」
　　1830年の独立革命のときに若き革命家ジュネヴァルによって
　書かれ、フランソワ・ヴァン・カンペヌーが作曲した。1860
　年に正式に国歌となった。公用語であるフランス語、オランダ
　語、ドイツ語の歌詞がある。

　　　　　親愛なるベルギーよ
　　　　　我らの体と魂を汝に捧げん
　　　　　祖国よ、我らは願う
　　　　　汝が威光と栄華と共に永らえんことを

　　　　　破られることなき団結の下で
　　　　　汝のモットーが高らかに響き渡る
　　　　　　王、秩序、そして自由よ！

解説
ベルギーの歴史・文化・人物

ヨーロッパ、それも西ヨーロッパの地図を見ると、ベルギーがオランダと接しており、ドイツ、フランス、海を隔ててイギリスという3大国に挟まれているのがわかります。さほど険しい山岳地帯もなく、平原が海まで広がっていますから物資の輸送やヨーロッパの近隣諸国への旅行にはとても便利な地域です。しかし、こうした利点は、反対に、周りの国から干渉されやすいという不利な点にもなりうるのです。

ベルギーの歴史は、このような地理的特徴の中で繰り返されてきました。交易によって国が豊かになると、当時の列強諸国がそれを狙ってくるのでした。

またベルギーは、ラテン民族（フランス）とゲルマン民族（ドイツ）のぶつかり合う地域であるともいえます。それが、ベルギーが生まれながらにして多言語国家となり、言語問題がいつも国内をゆるがしてきたことにつながっています。

にもかかわらず、ベルギーは大国の思惑と抑圧に支配された過去を切り抜けて、現在では小国ながら豊かな国の一つになっています。大国の歴史からは見えない、支配された国の隠れた歴史を調べてみると、面白い発見があるのではないでしょうか。

【歴史】

ベルギーという国が成立するのは1830年です。それまで、ベルギーという国は存在しませんでした。ベルギーは、それぞれの時代にヨーロッパを支配した国の名前を付けられてきたのです。

先史時代からローマの支配まで

この地域で発見された人骨から4万年前にはネアンデルタール人が住んでいたことが分かっています。紀元前300年ごろには、ヨーロッパの東部からベルガエ族が今のベルギー地域に定着しベルギーの礎となりました。共和政ローマが紀元前3世紀にイタリア半島を統一し地中海を掌握してきたころ、ベルガエ族は、既に農業、商業を営みローマと交流をしていました。

そのローマのカエサルが紀元前58年、ガリア（ベルギー、フランス）を攻めてきました。『ガリア戦記』の中でカエサルに「ベ

31

ルガエ族という勇猛な民族がいる」といわせた彼らは果敢に抵抗しましたが、最後はローマに制圧され、ローマの生活様式や慣習、キリスト教を取り入れて平和な生活を送りました。ここに「勇猛であるが、寛容に事態を受け入れる国民性」が既に現れています。

西ヨーロッパ黎明期

ローマ帝国が弱くなると、ヨーロッパ東部のゲルマン民族が移動してきました。紀元300年ごろ、そのうちの一つフランク族が王国を築いたのが西ヨーロッパの始まりです。初代国王クローヴィスは、ベルギーのトゥルネィの出身で、フランク王国最初の首都はトゥルネィでした。

フランク王国の最盛期を築いたシャルルマーニュ（カール大帝）はベルギーのリエージュ出身です。768年ごろから周辺地域を征服して西はイベリア半島から東はエルベ川に至るまで、フランク王国をヨーロッパ最大の大帝国にし、800年にローマ法王に皇帝と認められました。武力にたけていただけでなく、政策面では、伯爵領を定め帝国の分割支配を決め、教会を整え、修道院を作り、学芸を奨励し、学校を整備するなど文化面でも大いに力を発揮し、カロリング・ルネッサンスと呼ばれる時代を作りました。ベルギーはその中心にありました。

封建時代そして都市の誕生

870年ごろ、偉大なシャルルマーニュ亡き後、フランク王国は、三分割され、ベルギーは西フランク王国（フランスの原型）の一部となりました。東フランク王国（ドイツ）、中フランク王国（イタリア）とともに西ヨーロッパの勢力が決まってきました。国の争奪戦が広まる中、他国からの侵略に備えて、領主が領民を守り、領民は領主に年貢を納める、または領主が騎士に封地を与え、騎士は臣下として領主に軍務の忠誠を誓う、こうした重層の相互関係を結ぶ封建制度の時代となります。領主の中でもフランドル伯爵領は大きな力を持ってきました。スヘルデ川の流域の亜麻からリネンを作りそれを売るための交易で富を生み出し始めていました。

1095年、セルジュクトルコにキリスト教の聖地巡礼を妨げられたため、ローマ教皇が威信をかけて聖地奪還を呼びかけました。十字軍の結成です。最初の十字軍遠征の指揮官はベルギー出身のゴッドフロワ・ド・ブイヨン将軍でした。十字軍には様々な背景と思惑が隠れていました。ローマ教皇は教皇権の強化を、各国王、諸侯、騎士は武勲や戦利品そして新たな領地獲得を、商人は商業圏の拡大を、民衆は贖罪や借金の帳消しを期待していました。

その後7回の十字軍遠征はことごとく失敗した結果、それまでの力関係に変化がでてきました。教皇権は衰退し、諸侯や騎士は没落し、商人たちが台頭して自治都市が誕生することになります。西アジアから様々な物品や学術が伝わると、それらの交易で、徐々に商業が国の要となっていきました。特にフランドル伯領では、既に亜麻から作り出すリネンに加えて、イングランドの羊毛を仕入れ、当地の染料植物と共に、毛織物産業で栄えていきました。物づくりと交易で力をつけてきた商人や職人が、領主から自治権を獲得して自治都市を営みます。同業者組合（ギルド）を形成し産業をまもり、交易や金融を統制して、ブルージュやゲントなどの豊かな都市が出現します。すると、この豊かな都市の支配権をねらい、大国同士の争いである英仏戦争が起こりました。

中世の秋

1348年、婚姻によりこの地域の支配国が大きく変わります。フランドル伯の後継者マルグリット姫と、英仏戦争の功労によりフランス国王から分家を拝領したブルゴーニュ公国のフィリップ豪胆公の結婚でフランドル伯領はブルゴーニュ公国に組み入れられます。経済豊かなフランドルとフランス王国内の最大領主であるブルゴーニュの融合は、その後フィリップ善良公の時にリエージュ以外のベルギー地域全域を入手し、独自の宮廷文化を創り出しました。

文化面では油彩画の祖ヴァンアイクの出現で多くの画家たちに影響をあたえ、北方ルネッサンスに発展するブルゴーニュ文化開花の時を迎えます。ホイジンガの『中世の秋』には、当時の生活のことが詳細に記されています。高価な麻のレースや毛織物の

タピストリー、様々な物品の輸送などで潤ったブルージュやゲントには当時の壮麗な中世の建物が今でも残っています。1477年、ブルゴーニュ公国の後継者マリー・ド・ブルゴーニュ姫とオーストリア・ハプスブルク家のマキシミリアン1世の結婚は、その後の展開にさらに大きな変化をもたらすことになります。二人の息子フィリップ王子とスペイン王国のファナ王女の結婚で、スペインハプスブルク家が出現して、この地にスペインが関わってきます。

スペイン低地

　1500年、ゲントで生まれたシャルル5世は、生まれながらにブルゴーニュ、オーストリア、ネーデルランド（ベルギー・オランダ）、スペインを受け継ぎ、大航海時代にスペインが手に入れた新大陸にまで支配を拡大して、「日の沈むことのない大帝国」の支配者となりました。新大陸から輸入された大量の銀とともにこの地域の豊かな経済が、領地獲得戦争や宗教戦争などの戦費を支えました。ベルギー・オランダは低地17州として治められました。1519年、シャルル5世が神聖ローマ帝国皇帝になったため、この地域は1543年まで神聖ローマ帝国の支配下でもありました。

　シャルルマーニュに次いで、またベルギーから大帝国の皇帝を輩出することになりました。フェリペ2世は、スペイン王として広大な帝国の維持と反プロテスタントの戦いに明け暮れ、残忍な刑罰を課す恐怖政治を敷きました。低地17州として一緒にされていたオランダとベルギーは、1568年にプロテスタントのオランダがいち早く独立し、ベルギー地域はそのまま支配されつづけ、各地でスペイン兵士の謀略が目立つようになりました。その打開策としてフェリペ2世は娘のイザベラとその夫アルベール公に統治を任せました。この時代は、経済も良好な平和で豊かな時代でした。大西洋沿岸のアントワープが重要な貿易港として発達し、ブリュッセルの宮廷では芸術作品があふれ、外交官としても活躍した画家ルーベンスの大作が、教会などいたるところで見られました。

各国の支配下で

　17世紀になるとスペインが衰え、スペイン継承戦争が続きました。フランスのルイ14世は王妃マリア・テレジアがスペイン王フェリペ4世の娘であることから、スペイン継承を主張しました。このフランスに対して、イギリス、オランダ、オーストリア、プロイセンが戦いを挑み、ベルギーの地は激しい戦場となりました。1695年にブリュッ

ブリュッセルの市役所の塔

セルはフランスから砲撃を受け、壊滅状態となりました。現在のグランプラスの市庁舎の塔だけが奇跡的に残っています。戦争終結の平和調停では、各国の思惑の結果、この地はスペインを離れ、1714年からオーストリア・ハプスブルク低地となりました。

　マリア・テレジアの息子、ヨーゼフ2世がこの地を治めますが、専制君主としてあまりにも厳しく自由のない生活を強いたため、1789年、オーストリアに対して独立運動を起こし、ベルギー共和国が設立されました。しかし1年後には、オーストリアの統治下に置かれてしまいます。1789年のフランス革命後、荒廃したフランス軍がベルギーに侵入し、その後ナポレオン体制に組み込まれ徴兵を余儀なくされました。フランスに併合されてフランス語が公用語となり、フランドルで話されていたオランダ語は禁止されました。ナポレオン失脚後、1815年のウィーン会議では、オーストリア、ロシア、プロイセン、イギリス、フランスの5大国の確執から、この地はオランダ領とされ、ネーデルランド連合となりオランダ語が公用語となりました。

　こうしてベルギーは、大国の事情によって次から次に目まぐるしく支配され続けました。しかし、生産と交易により経済が安定

していたことから、ベルギーらしさを失わずにいられたのではないでしょうか。

ベルギー王国誕生

1830年、とうとうベルギーはオランダから独立します。市民たちが立ち上がったのです。ロンドン会議での国王の選出について、5大国の思惑が大きく関わり、ドイツ出身の貴族ザクセン・コーブルク・ゴータ公を国王レオポルド1世としました。

ベルギー王国は立憲君主制を取り、法の前の人民の平等、教育、宗教、報道の自由を謳う憲法も制定され、新国家として船出しました。独立以来今までに国王は7代にわたり引き継がれてきました。どの国王も、周辺の大国からベルギー王国を守るために、政治に意見をして関わり、国内においても海外に対しても妥協と合意を続けるという態度で大きな戦いを避けようとしてきました。最初の国王レオポルド1世は、自国を守るため、永世中立国を宣言しました。レオポルド2世は、富と力で自国を守ろうとしました。経済発展のため、産業の発達を奨励した結果、南部ワロン地方の炭坑の発見で鉄鋼業が繁栄し、大規模な建造物を建設するなど非常に豊かな時代を迎えました。

1885年、コンゴを植民地として多くの天然資源で莫大な財源を手に入れましたが、その陰には、ゴムのプランテーションでノルマを達成できなかった原住民の手足を切断するなど残忍な人種差別問題があり、周辺国家から非難されました。しかし、ブリュッセルにはレオポルド2世が設立したヨーロッパ随一の規模を誇る王立中央アフリカ博物館があり、今では両国の関係は表立って悪いわけではなく、コンゴ系ベルギー人はベルギー人口の2％にあたります。

第一次世界大戦でも第二次世界大戦でも、ドイツ帝国がフランス侵攻のためベルギーの中立を破り、ドイツ占領下に置かれました。第一次世界大戦では、国王アルベール1世自ら抵抗を示し、この抵抗でベルギー国民の愛国心が芽生えました。第二次世界大戦後は、レオポルド3世の王位継続が揺れ動く時期がありましたが、復興のための財政政策として海外企業誘致を提唱したので、世界中からベルギーにヨーロッパ支社が置かれるようになりました。

1966年にNATO、1967年にECの本部がブリュッセルに置かれ、ヨーロッパの首都となりました。しかし、炭坑閉鎖でワロン地方が勢いをなくしフランドル地方が商業で繁栄してきたため、言語問題とともに国内の南北対立が激しくなりました。経済危機で失業者が大量に増加したことも重なりました。国王ボードゥアン1世は、国民の一致団結を訴え、憲法改正を重ねて、「共同体と地域国からなる連邦国家」となりました。その後も言語問題と政党の対立が続き、分裂の危機にありましたが、立憲君主制の国王が政治に意見を発信し政治家とともに、商業自由都市の伝統とカトリックの社会福祉精神をまもり、国民とともにベルギーという一つの国を守っているという状態です。

ベルギーは地理的な特徴から、常に緩衝地帯の役割を求められてきました。ベルギー独立後も、大国の要求に妥協と合意でのぞむ緩衝地帯、ヨーロッパの首都の役割をしてきているといえます。

【文化】

ベルギーの街を旅すると、中世の街並みがいたるところで目に入ります。ブリュッセルのグランプラスの広場をかこむギルドハウスの正面を眺めてはタイムスリップの錯覚に陥ります。ブルージュの運河沿い、ゲントの街並み、メッヘレンの小さな宮廷、どれをとってもかつての中世の輝きを伝えてくれます。その輝きの背後に複雑な歴史があることなど、忘れてしまうくらい美しいのです。

美術

ベルギーの文化の中でも、美術好きなら、まず、ホイジンガの『中世の秋』を思い浮かべるでしょう。そこには、中世末期、ブルゴーニュ公国を中心とした文化と生活が描かれています。ブルゴーニュ公国がフランドル地方全域を支配した時代、フランドル地方が当時、ヨーロッパでもっとも富裕な経済的中心となったさ

まがよくわかります。中でもフランドルにあったフィリップ善良公の宮廷には、多くの文人や芸術家が集まりました。その筆頭が、画家ヤン・ファン・エイクです。細密描写と自然主義を創作し、4分の3正面の肖像画の創始者、「油彩画の祖」、といわれる画家です。ゲントの聖バーフ教会の祭壇画「神秘の子羊」は彼の最高傑作で、はっと息をのむ美しさです。その後に続く数多くの画家たちは、多かれ少なかれその影響を受けています。例えば、ロヒール・ファン・デル・ウェイデン、ハンス・メムリンクら枚挙にいとまないほどの画家たちに伝わり、そして、この美術の流れは、ヒエロニムス・ボッシュ、ブリューゲル、デューラー、と北方ルネッサンスまで続いていきます。

ヤン・ファン・エイクは、宮廷画家であるとともに、フィリップ善良公の婚約者の肖像画を描くためポルトガルまで出向き外交官のような仕事もしていました。そして、晩年に定住したブルージュは、このころ既に貿易・商業の中心でした。スヘルデ川沿岸流域には質の良い亜麻が生育し、それで糸を紡ぎ、リネンを作っていました。リネンでレースが作られると、ヨーロッパ中の高貴な人たちがそれを求めました。そして水運を利用して貿易をしていたので、農業、織物産業、商業、交易、さらには金融業まで発達し、繁栄を極めました。ブルージュに次いでアントワープも交易・商業の中心となっていきました。

イザベラ公妃とアルブレヒト公の時代に、画家ルーベンスが当時の商業の中心地となっていたアントワープを拠点に一時代を築きました。ベルギーの宗教は、スペイン支配下でカトリックが主流となっていたので、偶像反対のプロテスタントと違って、いくつもの教会の祭壇画を劇的な画面構成を用いて、大画面で描くことができました。バロック絵画が繁栄を迎え、ルーベンスもまた周囲の国に赴き宮廷の外交官の役割を果たしていました。イギリス人ウィーダの書いた「フランダースの犬」の主人公ネロ少年があこがれたのが、聖母マリア教会のルーベンスの「キリストの十字架降下」です。その後のベルギー美術は静寂の時代を経過し、19世紀になると象徴主義のクノップフ、ジェームス・アンソール、そして、シュールレアリスムのルネ・マグリット、ポール・

デルヴォー…、何とも不思議な雰囲気、静かな画面、不思議な画面構成が共通しています。

中世美術のヤン・ファン・エイクの作品、反骨の画家ヒエロニムス・ボッシュの作品、庶民を描いたピーター・ブリューゲルの作品などを求めて、世界の美術館を見て回り、どんな経路で収集されたかを知ると面白いことがあります。たとえば、スペイン王フェリペ2世が、ヒエロニムス・ボッシュの愛好家でコレクターでもあったので、その絵の多くはスペインプラド美術館やスペイン王家の墓所エル・エスコリアール修道院に収蔵されていること。ピーター・ブリューゲルは、晩年の6年間をブリュッセルで過ごし、全作品40点のうち30点をここで描きました。ウィーン美術史美術館には大作12店が収められています。それは神聖ローマ皇帝ルドルフ2世のお気に入りであったため、ハプスブルグ家のコレクションとなったからです。

ルドルフ2世はスペイン王フェリペ2世の宮廷で幼少期を過ごしました。何か不思議なつながりを感じさせます。

文学

文学では、フランス語で書かれたものが主になり、作家もフランス在住だと、それをベルギー文学と言うべきか、フランス文学と言うべきか迷いますが、ベルギー生まれの代表的作家には、『青い鳥』『ペレアスとメリザンド』で有名なメーテルリンク、『死の都市ブルージュ』のローデンバック、そしてメグレ警部を生み出した推理小説作家ジョルジュ・シムノンの名前があがります。シムノンは、生涯のほとんどをフランスで過ごし、フランスで出版していたので、ベルギー人としての認識は一般にとても薄いです。作家ではありませんが、アガサ・クリスティの登場人物として有名な、「灰色の脳細胞」の探偵エルキュール・ポワロは、ベルギー人です。ポワロが第一次世界大戦でドイツに占領されたベルギーからイギリスに避難している、という設定であるのも面白いところです。

音楽

　音楽の世界に名を残しているベルギー人には、誰がいるでしょう。中世・ルネッサンス期では、宮廷で演奏されることが多く、イタリアからの影響が大きかったようです。ベルギーが誇る音楽家となると、20世紀のバイオリニストのウジェーヌ・オーギュスト・イザイでしょう。彼は、ロマン派の作曲家でもありました。同時代の偉大な作曲家セザール・フランクもベルギー人ですが、フランスに帰化してフランス音楽界に貢献しました。現在の世界三大音楽コンクールの一つ、エリザベート妃国際音楽コンクールは、イザイの業績を記念したイザイ国際コンクールが母体です。

　音楽とかかわりがあるものに、ブリュッセルのモネ劇場があります。1830年、モネ劇場でオベール作曲のオペラ「ポルティチの物言わぬ娘」が上演されたおり、スペインの暴虐に対するナポリの反乱という内容に興奮した市民が、オランダの支配に立ち上がり、独立に結びついたとされているため、この出来事を別名「音楽革命」と呼ぶのも興味深いことです。ちなみに、この革命に触発されて作られたのが、今のベルギー国歌となっている「ブラバントの歌」です。

　もう一つ、面白い音楽関連の話題があります。現代では、ジャズでよく使われる楽器のサキソフォンは、実はベルギー生まれであることは知られていません。南部ワロン地方は、昔から銅などの金属が取れたことからその加工も発達していました。銅製品の代名詞ディナンドリーのもとになった街ディナンもその一つで、この町の金属加工業の家の息子サックスが、もともとあった木管楽器に金属加工を施して華やかな音色を生み出すサキソフォンを作り出したのでした。

建築

　ベルギーを旅すると目に映る中世の建物にタイムスリップの錯覚に陥ると書きましたが、建築についてのもう一つの流れが、一気に時代が飛んで「アールヌーヴォー」になります。その代表的な存在がヴィクトール・オルタです。フランスで流行した世紀末芸術の一つがベルギーで開花しました。ブリュッセル市街や近郊にはいくつものアールヌーヴォーの住宅が見られます。漫画博物館や音楽博物館はアールヌーヴォー建築物を利用しています。

織物

　中世フランドルの繁栄のもとは、何と言っても織物産業です。糸が織りなす美しさの極み、レースとタピストリーです。レースは、原料である良質の亜麻がこの地域で取れたことが大きく、それを紡ぎ、織り込んだり編んだりする技術の高さも素晴らしいです。ベルギーのレースはボビンレースという複雑なもので、これを作るように奨励したのはシャルル5世です。女性に手に職を付けさせ自立させる目的もありました。ベギン会修道院は、一般の修道院のような宗教上の厳しさはなく、女性の自立支援の施設も

ブルージュベギン会修道院付近

兼ねていたようで、ここでボビンレースの技術を習得することもできたのです。ボビンレースはブルージュが特に有名で、その複雑で美しいレースに数多の高貴な身分の人たちが魅惑されました。とても高価なもので、当時の肖像画の襟飾りや袖飾りに使われているのを見ますと、このレースを求めて、交易が発達したのも頷けます。

　もう一つの糸の織り成す芸術品はタピストリー、壁掛けです。フランスに渡って付けられた「ゴブラン織り」という名前の方が

よく通じるかもしれません。こ
のつづれ織りは、縦糸に丈夫な
麻糸を使い、横糸に毛糸を使っ
て絵柄を織り込む手間のかかる
高度な技法のものです。中世宗
教画に見られる聖母マリア像
に組み敷かれている織物の模様
の繊細さに圧倒されます。タピ
ストリーは断熱効果もあるので、
裕福な家では壁掛けとして使わ
れていました。アントワープで
は、貿易でイギリスの羊毛を輸
入して織物加工して、染色して
様々な色糸を作りだし壁掛けに

鯉山後飾りのタペストリー

して輸出して、富を得ました。わが国でも、京都祇園祭の山鉾の
飾りをはじめとして当時のものがいくつか輸入されています。

　絵画も精密、レースもタピストリーも緻密、地道な手作業で物
に付加価値をつけるという、労をいとわない民族性を垣間見るこ
とができます。

ダイヤモンド

　もう一つの美しいものをあげると、それはダイヤモンドです。
アントワープは、世界有数のダイヤモンドの集散地です。ブル
ゴーニュ公国がフランドルを支配していたころ、経済都市アント
ワープには様々な物が持ち込まれ、その中にダイヤモンドが含ま
れていました。研磨の職人が輝きを作り出していきます。ベル
ギー独立後、産業革命の波に乗って研磨技術が向上し、周辺国か
らユダヤ人が集まりユダヤ人コミュニティを形成したことから金
融が発展しました。自由経済、ユダヤ人の商人、ダイヤモンド研
磨技術と労働力、アントワープにはすべてが揃っていたのです。
こうして、今のアントワープのもう一つの顔ができあがりました。

グルメ

　最後に、食について書いておきましょう。ベルギーと言えば、
「チョコレートとビール、そしてフライドポテトとムール貝」で
す。

　チョコレートの発祥地は南米です。新大陸発見によって、砂糖
とともに、ヨーロッパに伝わってきました。高貴な身分の人たち
が、ココアという飲み物として好みました。チョコレートの原料
カカオが取れるのは、チョコレートベルトという赤道を挟んで南
北の緯度が 20 度以内の地域で、中南米、西アフリカ、東南アジ
アに限定されます。ベルギーの植民地のコンゴは生産地から外れ
ていますが、交易によってアフリカから大量にカカオを輸入でき
ました。

　飲み物から固形のチョコレート菓子が好まれるようになってき
て、今では世界中でベルギーチョコレートが愛されています。ベ
ルギーのチョコレートの特徴は、ボンボンショコラという一口サ
イズのもので、中にプラリネやガナッシュなど手の込んだものが
入っています。もともとモールドという型に流し入れて作るので
すが、その型を作る金属加工業があったから可能になったとも言
われます。家族経営で手作業のため、質の良いチョコレートが評
判になりました。今では大量生産も可能になりましたが、本質的
には手作業です。有名なショコラティエには、ロゴマークに愛と
勇気の象徴の「馬に乗った裸の伯爵夫人」が付いています。元は
薬局だったので、苦い薬を無理なく飲めるようにチョコレートを
考案した、などのエピソードがあります。チョコレートには、何
か、人の心に訴える力があるからでしょうか。世界中に広がって
いきました。

　ビールはドイツやイギリスが有名です。ベルギーのビールはあ
まり知られていませんが、実はベルギーでのビール消費量はドイ
ツを抜いています。ベルギービールの特徴は、醸造所の多さと種
類の多さです。ホップや麦芽だけでなく、ハーブやフルーツやス
パイスを使う様々なテイストのビールがあり、アルコール度数も
いろいろで、バラエティに富んでいます。トラピスト修道院で作
られるビールは特に有名です。

ビールとくれば食べ物です。ムール貝のワイン蒸しをどっさり、付け合わせのフリッツ（フライドポテト）にマヨネーズを付けて食べるのがベルギー流。フライドポテトのオリジナルはフランスかベルギーかと争っていた時もありましたが、とにかくよく食べられます。南部のアルデンヌ地方には森林地帯があり、ジビエ料理が有名で、秋になるとこちらのほうがにぎわってきます。それも、南部ワロン地方の渓谷に点在する古城ツアーを一緒に楽しむようです。家庭料理として、チコリ（白菜の小さいもの）のグラタン、牛肉のビール煮、小エビのクリームコロッケなど日本でなじみ深いものもベルギー発祥です。

美術も工芸もそして食も、ベルギーには、固有のものが多くみられます。近年のグローバル化によって個性が薄くなってきているのは世界中に共通していますが、まだまだベルギーらしさは残っていると思います。

【人物】

ベルギー生まれの有名な人物については、歴史と文化のところで触れてきましたので、重複する場合は、視点を変えて見てみましょう。

シャルルマーニュ（カール大帝）（742～814）

ヨーロッパの始まりフランク王国の最盛期を築いたのがリエージュ出身のシャルルマーニュです。文武にたけ周辺諸国を制圧し、800年にローマ教皇レオ3世から皇帝と認められましたが、このことは西ローマ帝国の復活を意味します。帝政とカトリック信仰を併せ持つ帝国は、単なる一つの国家だけでなくヨーロッパ全域を支配することになります。シャルルマーニュにはこのような期待が持たれていました。しかし、孫の代にフランク王国が3分割され、ドイツ・フランス・イタリアの基礎ができます。王国間の争いからローマ教皇がイタリアからの侵攻にドイツに助けを求め、それに応じたドイツ王が勝利しイタリア王を兼ねるところから962年、神聖ローマ帝国が始まります。シャルルマーニュが皇帝

になったことは、神聖ローマ帝国成立への伏線でした。以来、主にドイツ王国からヨーロッパ世界の統治者としての皇帝が選ばれます。世襲制ではなく諸侯の選挙によって選ばれ教皇から戴冠を受けるのが伝統です。ハプスブルク家のマキシミリアン1世も神聖ローマ帝国皇帝でした。その孫のシャルル5世も皇帝となりました。

シャルル5世（1500～1558）

シャルル5世は、生まれながらにスペイン王国及びハプスブルク家を引き継ぎ、神聖ローマ皇帝にも選ばれたため、その支配は、ブルゴーニュ、オーストリア、ネーデルランド、スペイン、新大陸にまでおよんだ「日の沈むことのない大帝国」の支配者です。彼は、ベルギーのゲントで生まれ、この地を好み、フランス語を話しました。祖母のマリー・ド・ブルゴーニュは、フランドルでは人気のある姫で、フランドル、ブルゴーニュ、ハプスブルク家を結びつけた人物です。彼女は、ブルージュの聖母教会で眠っています。ここにはミケランジェロの愛らしい聖母子像が置かれています。この聖母子像もヤン・ファン・エイクのゲントの祭壇画も、時の支配者に略奪された過去があります。第二次世界大戦でドイツがベルギーの中立を侵し、占領したとき、ヒトラーがこれら芸

ゲント、ファン・アイク兄弟

術品を略奪収集し、どこかの坑道に隠し持ち、戦争に負けたら、すべて爆破するという予定でした。それを救出するアメリカ合衆国の極秘の作戦が『ミケランジェロ・プロジェクト』という映画に描かれています。

シャルル5世に帝王学を教えたのは、叔母でネーデルランド総

督のマルガレーテ・ドート
リッシュです。彼女は、日
本の戦国時代の姫君たちと
同じく政略結婚の犠牲にさ
れました。最初は、スペイ
ンの王子ファン王子と、ブ
ルゴーニュとスペインの絆
のためでした。死別後、フ
ランスのシャルル8世と婚
約しましたが、婚約破棄さ
れた後、フランスとの結合
のためサヴォイ公と結婚し
ましたが、死別しました。

メッヘレンのマルガレーテ

その後、シャルル5世の教
育を引き受け、総督となります。学問・芸術をこよなく愛したた
め、彼女のメッヘレンの宮廷には多くの識者や文人、芸術家が集
まりました。その中でシャルル5世は育ったのでした。シャルル
5世は大帝国を守るため、そして宗教戦争の中、戦いにつぐ戦い
の日々を送りました。時はルネッサンス時代、フランスのフラン
ソワ1世とは好敵手としてよく戦いました。この2国の和約の取
り決めをしたのが、フランソワ1世の母ルイーズとシャルル5世
の叔母マルガレーテでした。そのため「ペチコートによる和約」
と言われています。

ヤン・ファン・エイク&ルーベンス

　ヤン・ファン・エイクこそは偉大な画家でした。ベルギーに
生まれ、オランダの宮廷に務めましたが、フィリップ善良公に招
聘されベルギーに戻り、宮廷画家兼外交官として過ごした後、ブ
ルージュに落ち着きました。ゲントの祭壇画完成のあと、彼が考
案した斜め45度正面の肖像画をいくつも描きました。それまで
美術先進国イタリアでは肖像画は横向きでした。北方ルネッサン
スの絵画を学んだイタリア人画家メッシーナがイタリアに新しい
肖像画のスタイルを持ち帰ったと言われています。彼の絵画はど

れも静寂で、細密な自然主義が特徴です。しかし美術専門家を除
いて、知名度の点ではルーベンスの絵の大胆さと数の多さには到
底比較できません。

　ルーベンスはフランクフルト生まれ、イタリアで絵画修行の
あと、マントヴァの宮廷で仕事をしていた時、ブリュッセルの宮
廷から肖像画家として招聘されました。アントワープに住み工房
を持つことを許され、公妃イザベラの良き相談相手でもありまし
たから、外交の手腕を買われ、イギリスやフランス、スペインに
行って各国の宮廷で多くの肖像画を描きました。スペインの宮廷
画家ベラスケスとも親しくしていました。ルーブル美術館には
「マリー・ド・メディシスの一生」（マリー・ド・メディシスはル
イ13世の母）が見られます。経営手腕にもすぐれ、多くの弟子
を育て工房作品を大量に製作しました。アントワープでバロック
時代の隆盛を極めました。弟子の中で一番有名なヴァン・ダイク
はイギリスで肖像画を多く手掛けたうえに、気に入られて宮廷画
家となりイギリスにとどまってしまいました。

　ルーベンスの絵は、日
本では児童文学「フラン
ダースの犬」で有名にな
りました。テレビで放映
されたアニメの力が大き
いです。イギリス人作家
ウィーダが、当時アント
ワープの近郊を訪れ、寂
しい村の様子に心を打た
れたため、貧しい少年ネ
ロと愛犬パトラッシュの
物語が生まれました。貧
乏のどん底でありました
が画家になりたかった少

ルーベンス、キリストの降架

年の願いかなわず、最後には、教会のルーベンスの絵の下、命尽
きる悲しいお話なので、ベルギーではあまり知られていなかった
物語です。今では日本での評判を知って、アントワープ駅前に少

年と犬の銅像が作られました。

マンガや映画など

　アニメやマンガは、ベルギーでも人気です。何と言っても、マンガ「タンタンの冒険」があります。1929年に、最初は子ども向け新聞に連載し、その後24話まで続きました。正義感の強い少年記者タンタンとその愛犬スノーウィが世界、宇宙にまで事件を追っていく冒険物語です。最近では、アメリカでスピルバーグ監督による実写映画化がされたので記憶にある人も多いのではないでしょうか。作者エルジェはブリュッセル生まれ（1907－1983）、当初はジャーナリスト志望で、冒険物語の力強い筋立ては資料収集と専門知識を徹底した彼の経歴から生まれたものです。ベルギーでは、エルジェは「コミックの父」と言われています。ブリュッセルには「タンタンショップ」があり、様々なタンタングッズが手に入ります。またアールヌーヴォーのオリタ設計の建物にマンガ博物館があり、マンガが大人の文化になってきていることが実感できます。

　ベルギーでも、日本の、マンガやアニメが大流行しています。そのため、伝統あるルーヴェンカトリック大学にある日本語学科の人気が高いそうです。また、南部大学都市ルーヴァン・ラ・ヌーヴ（北部のルーヴェンの分離したもの）には、エルジェ・ミュージアムが開館しました。

　女優オードリー・ヘップバーンがベルギー生まれであることは、あまり知られていません。『ローマの休日』『ティファニーで朝食を』など数多くの映画に出たなかで『尼僧物語』（1959年・アメリカ）という作品があります。これはベルギーが舞台となっています。オードリー演じる主人公は、修道院で厳しい修練ののち修道女となり、ベルギーの植民地コンゴに赴き、現地での治療に当たります。そして同地で出会った医師とともに活動するなか、神に仕えるか社会活動に身を投じるかの心の葛藤から、自我に目ざめて還俗していく、という物語です。この修道院がブリュージュのベギン会修道院です。施設が女性の自立を助ける女性の共同宿泊施設を兼ねていることや、ベルギーのコンゴ支配が話題になっていることもベルギーに焦点を当ててみると面白い映画です。

　他に、作家メーテルリンク、ローデンバック、ジョルジュ・シムノンについては文化のところで触れました。難解な作家、マルグリット・ユルスナールもベルギー生まれです。父はフランス貴族の末裔、母がベルギーの貴族の末裔、博学な父の教育で、教養の高い女性となりました。シャンソンのジャック・ブレルはベルギー生まれで、フランスで成功しました。アダモはイタリアシチリア島出身、ベルギー南部の鉱山で父親が働くため移住してきた人です。ベルギーで歌手活動を始め、フランスや世界各地で活躍します。このように、ベルギー生まれですが、その後の活躍の場所がベルギーを離れている人がとても多いのです。ベルギーは九州ほどの面積の国なので、国外に活動を求めるのは当然でしょう。車で2時間も走れば、国境を通過できるのです。これが、ヨーロッパという国同士の関係の特徴です。小さな国は、他への発信が必要です。文化交流、産業交流、政治外交をすることが必須なのです。そのために、妥協と合意に基づいた民族性が育まれたのでしょう。小さな国の世界は広がるのです。

（柴山久代）

ベルギー歴史年表

時代	
先史時代	ナミュール地方スピー洞窟で約4万年前の人骨、石器など道具を発見。
古代	約2300年前、ベルガエ族が移り住んでくる。 紀元前57〜51年頃、カエサルのローマ軍に攻められ<u>ローマの属州</u>となる.
中世初期	紀元300年　<u>フランク王国トゥルネィを首都とする。</u> 754年　小ピピン（リエージュ出身）カロリング朝起こす。 800年　シャルルマーニュ（小ピピンの息子）戴冠。 850年　フランク王国　三分割される、西フランク王国の一部となる。 1099年　第1回十字軍遠征　大将はベルギー人ゴドフロアドブイヨン公。
中世盛期	1348年　<u>ブルゴーニュ公フィリップとフランドルの姫の結婚。</u>リエージュを除くベルギーがブルゴーニュ配下となる。 　　　　その後フィリップ善良公が<u>ベルギーブルゴーニュ統一、黄金時代。</u> 1477年　マリー・ド・ブルゴーニュがハプスブルク家マキシミリアンと結婚。 　　　　その息子フィリップ美公スペイン姫ファナと結婚。 1500年　シャルル5世ゲントで生まれる。父からフランドル・ブルゴーニュ、母からスペインを受け継ぐ。
近世	1519年　シャルル5世、神聖ローマ帝国皇帝となり、<u>1543年まで神聖ローマ帝国がベルギーを支配する。</u> 　　　　ネーデルランド17州（オランダベルギー）成立。宗教改革、宗教戦争続く。 1555年　フェリペ2世（シャルル5世の息子）スペイン王としてベルギーを受け継ぎ<u>スペイン支配</u>となる。 1575年　スペイン暴挙 1598年　イザベラと夫オーストリア大公アルベールにこの地を委嘱。 　　　　**産業の発展、黄金時代** 1648年　ウエストファリア条約でオランダ独立を認める。 1667〜97年　フランスとオランダ間で南ネーデルランド（ベルギー）戦争。 1701〜13年　スペイン継承戦争：<u>フランスと神聖ローマ帝国（オーストリア）の戦い。</u>
近世	1714年　<u>オーストリアの支配下</u>となる。 1780年　マリアテレジアの息子ヨーゼフ2世が支配者となる。 1789年　<u>ブラバント革命　ベルギー共和国創設。</u>翌年、オーストリアが奪還して独立は1年で終わる。 1792年　フランス軍がオーストリア軍を破り、<u>フランスがベルギーを支配。</u> 1799年　ナポレオンが皇帝となり、ベルギーを支配。
近代	1815年　ワーテルローの戦いでナポレオン失脚。イギリス、ドイツ、オランダ、ベルギーがフランスと対立。<u>オランダ・ベルギーはネーデルランド連合王国となる。</u> 1828年　ウィレム1世、オランダ語教育決定（オランダと敵対する）。 1830年　ベルギー革命（音楽革命）そしてオランダから独立。国王レオポルド1世即位、立憲君主制をとる。 1865年　レオポルド2世即位。産業革命で国が潤う。 1866年　日本と友好関係を結ぶ。 1876年　コンゴがレオポルド2世の私有地として所有される。
現代	1908年　コンゴがベルギーの植民地となる。 1909年　アルベール1世即位。 1914年　第1次世界大戦、<u>ドイツがベルギーに侵入。</u> 1918年　ドイツ敗戦。 1929年　世界恐慌 1934年　レオポルド3世即位。レックス党（極右政党）出現。 1939年　ドイツがイギリスに宣戦布告、ベルギーは中立宣言。 1940年　第二次世界大戦、<u>ドイツがベルギーに侵入、ベルギーは降伏する。</u>レオポルド3世は幽閉され、臨時政府はロンドンに置く。 1940〜1944年　<u>4年間ドイツの支配下</u>となる。 1951年　ボードゥアン1世即位。 1958年　ブリュッセル万博 1960年　コンゴ独立。 1966年　NATO　ベルギーブリュッセルに本部を置く。 1967年　EC発足、ベルギーブリュッセルに本部を置く。1993年アルベール2世即位 2013年　フィリップ1世即位

訳者あとがき

　ベルギーってどんな国？　どんなこと知っている？と人に聞くと、まず、「チョコレート」の答えが返ってくる。もう少し知っている人は、それに「ビール」「ワッフル」も加わる。日本人の旅行先としては、オランダ・ベルギーをセットにしてヨーロッパの中でも人気のある国である。豊かなヨーロッパの小さな国、という認識のようである。

　しかし、その歴史は複雑で、いろいろな大国に支配されてきたこと、ベルギーという名前の国としての歴史が浅いことなどは意外と知られていない。ベルギー語はなくて、オランダ語とフランス語、少しドイツ語が話されていることは、複雑な歴史と大いに関係がある。

　私も実はおぼろげに知っていた程度で、本当に詳しいことは、今回この本を読んで、訳して、いくつかの参考文献にあたってやっと知ったので、自慢できることではないのである。

　私事であるが、我が人生を振り返ると、行き当たりばったりの人生であった。その中で、ベルギーという国の存在に出会った。正確には、BNL語学学校の校長ヴェロニックというベルギーの女性に我がフランス語の先生として出会った、それが私の生のベルギーとの始まりである。

　フランス語といえばフランス、そしてパリ、と思うのが普通である。かつてフランス語を仕事にしていた私も然りであった。しかし、フランコフォニー（アフリカやカナダ、東インド諸島などフランス語を公用語、一般語とする国や地域）というくくりがあって、ベルギーもその一員である。ベルギーと聞いて、思い浮かぶのは、美味しいもの（チョコレート、ビール、ワッフル、ムール貝、フライドポテト）、美しいもの（ベルギーレース、タピストリー、アールヌー

ヴォー建築、ダイヤモンド、フランドル絵画などの傑作）が多く、そして、EUやNATOの本部（ヨーロッパの心臓といわれる）がおかれ、日本の企業も数多くヨーロッパの拠点をここに置いているくらい重要な拠点である。それなのに、面積は九州くらい、人口は約1100万人（東京の人口くらい）の小さな国、その上、フランス語とオランダ語が公用語、ドイツ語も話す、なんとも興味がそそられる国ではないだろうか。

　ある日、ヴェロニックに面白い絵本を紹介された。色の美しいジュニア向けのベルギーの歴史の絵本である。日本語に訳してみたらなかなか面白い、興味深い、知っているようで知らない出来事がいっぱいである。思えば、世界の歴史は、大国の歴史である。今も世界では憂うべき戦争があちこちで起こっている。その陰で、大国に支配され、その大国が別の国に代わってもまた支配され、それでも耐え抜いて生き延び、光を放つ小国もある。ベルギーは、まさにそんな国である。

　日本では、ベルギーは美しくおいしい国であるからとても人気のある国の一つである。だからベルギー旅行ガイドは充実している。しかし、ベルギーを専門に学ぶ人は別として、簡単にその歴史が学べる本が少ない。大国のついでに述べられることが多く、それも絵付きのものはあまりない。絵本といって侮るなかれ。漫画が世界を席巻している時代なのだから。この本をきっかけにして詳しい情報を調べていくと、きっと世界が広がるだろう。偶然出くわした本であったが、大人もはまるベルギーの複雑な歴史絵巻である。

柴山久代

42

参考文献

世界各国史14「スイス・ベネルクス史」森田安一編 山川出版社 1998年

読んで旅する世界の歴史と文化「オランダ・ベルギー」栗原福也監修 新潮社 1997年

「ベルギー史」ジョルジュ＝アンリ・デュモン著 村上直久訳 文庫クセジュ 1997年

「物語 ベルギーの歴史」松尾秀哉著 中公新書 2014年

旅名人ブックス「ベルギー・フランダース」旅名人編集部編、文：谷克二、写真：竹田和秀 日経BP 2002年

旅名人ブックス「ベルギー南部ロマン紀行」旅名人編集部編、文：和田哲郎、写真：竹田和秀 日経BP 2001年

地球の歩き方「オランダ・ベルギー・ルクセンブルク」ダイヤモンド社 2012〜2013年版

「美女たちの西洋美術史」木村泰司著 光文社新書 2010年

図説「ヨーロッパの王妃」石井美樹子著 河出書房新社 ふくろうの本 2010年

図説「ベルギー美術と歴史の旅」森洋子編著 河出書房新社 ふくろうの本 2015年

「チョコレートの世界史」武田尚子著 中公新書 2016年

「ベルギービールという芸術」田村功著 光文社新書 2002年

「中世の秋」ホイジンガ著 堀越孝一訳 中公文庫 1988年

訳者　柴山 久代（しばやま ひさよ）
　　　愛知県名古屋市出身
　　　大阪外国語大学大学院フランス語学科修了
　　　日本フランス語フランス文学会会員
　　　岐阜大学医学部卒業
　　　日本皮膚科学会認定皮膚科専門医
　　　日本医師会認定産業医
　　　名古屋文理大学健康栄養学科教授（病理学）

監修　ヴェロニック・デゾヌ
　　　ベルギー・ブリュッセル出身
　　　BNL（仏、英、蘭、独語 語学学校 名古屋）校長
　　　フランス語英語講師
　　　2016年よりベルギー・ルクセンブルグ商工会議所正会員
　　　愛知県弁護士協会委嘱翻訳者（仏日）

ベルギーの歴史

2023 年 11 月 22 日　刊行

著　者　ベルナルド・コペン＆アラン・ルクレール

訳　者　柴山　久代

監　修　ヴェロニック・デゾヌ

発行元　風媒社
　　　　460-0011
　　　　名古屋市中区大須 1-16-29
　　　　℡ 052-218-7808　Fax052-218-7709
　　　　www.fubaisha.com

978-4-8331-5452-9